AF590610

NOTICE

DES OBJETS QUI FIGURENT

à

L'EXPOSITION

ORGANISÉE PAR

La Société Industrielle de Mulhouse,

en Septembre 1841.

MULHOUSE,

CHEZ P. BARET, IMPRIMEUR-LIBRAIRE,

PLACE DU NOUVEAU-QUARTIER, N. 21.

1841.

AVANT-PROPOS.

L'inauguration du chemin de fer de Strasbourg à Bâle était, pour la Société industrielle de Mulhouse, une heureuse occasion de témoigner tout l'intérêt qu'elle prend à l'achèvement de cette importante voie de communication, qui ouvre à l'Alsace une nouvelle ère de prospérité.

Pour s'associer à la manifestation publique et compléter cette fête de l'industrie, la Société a décidé qu'elle organiserait une exposition des produits si nombreux et si variés des fabriques et manufactures des deux départemens du Rhin.

Dans ce but, elle a chargé son président de faire un appel à tous les chefs d'établissemens industriels de notre province, et de les engager à concourir à cette solennité.

Cet appel a été entendu; de tous les points de l'Alsace il y a été répondu avec le plus louable empressement.

Comme toutes les expositions précédentes, celle-ci devait avoir lieu dans les vastes salles du bâtiment occupé par la Société industrielle.

L'exposition devait durer un mois et son ouverture être fixée au 19 Septembre, jour de la fête de l'inauguration du chemin de fer. Le public ne devait être admis que le 20.

Les produits destinés à l'exposition devaient être rendus à Mullhouse pour le 4 Septembre, les emplacemens étant, ce jour-là, tirés au sort entre les exposans. Passé ce délai, les objets pouvaient être refusés.

Une commission choisie au sein de la Société industrielle, a été chargée de faire exécuter toutes les mesures prises par le Conseil d'administration pour l'ordre à observer pendant l'exposition, conformément au règlement ci-après.

RÈGLEMENT

POUR L'EXPOSITION DE 1841.

Le conseil d'administration de la Société industrielle a arrêté les dispositions d'ordre ci-après :

1° La commission nommée par la Société a seule la direction et la police de l'exposition.

Les commissaires sont :

MM. Koechlin-Ziegler,
Emile Koechlin,
Zipélius,
Amouroux,
Baret, secrétaire.

2° L'exposition durera un mois. Elle sera ouverte au public le 20 Septembre.

Les heures d'admission sont fixées, savoir : le matin, de 9 heures à midi, et le soir, de 1 à 5 heures.

Hors ce temps, personne autre que MM. les commissaires ne pourra, sous quelque prétexte que ce soit, être admis dans les salles de l'exposition.

3° Le prix d'entrée sera de *un franc* par personne. Les enfans paieront le même prix. Les cartes prises à la caisse devront être remises, avant d'entrer dans les salles, à la personne chargée de les recueillir.

Il sera en outre délivré à la caisse, des cartes personnelles d'abonnement pour toute la durée de l'exposition, au prix de *cinq francs*.

4° Il est expressément recommandé aux personnes qui visiteront l'exposition, de ne pas toucher aux objets exposés.

Il est aussi formellement interdit de prendre copie des dessins d'étoffes ou des machines exposées.

5° Les cannes et les parapluies seront déposés à l'entrée, dans le vestibule, entre les mains de la personne commise à cet effet.

Arrêté en séance le 6 Septembre 1841.

Le Président,

EMILE DOLLFUS.

NOTICE

DES OBJETS QUI FIGURENT A L'EXPOSITION.

SALLE N° 1,

DITE DE LA BOURSE.

Machines, pièces diverses pour mécaniques, cheminées, fourneaux, ébénisterie, toiles cirées, poterie.

Nota. Les noms de MM. les exposans sont indiqués en suivant l'ordre alphabétique.

MM. Augustin, à Cernay. 1 machine à nettoyer le gravier.

Ch. Blumer, à Strasbourg. 8 modèles de parquets en marqueterie.

Etablissement de constructions mécaniques, à Strasbourg. (M. de Lièvreville, directeur.) 1 pompe portative en cuivre à piston, de 60 litres ; 1 pompe à double levier ; 1 pompe de ménage, corps de pompe en laiton ; 1 petit tour monté ; 1 scie circulaire ; 1 étau.

Gilardoni frères, à Altkirch. Tuiles brevetées.

J. Gressien, mécanicien, à Wesserling (maison Gros, Odier, Roman et Ce.). 1 presse à paquets.

MM. Grün, à Guebwiller. 1 étaleur à lin; 1 banc à broches à lin; 1 treuil pour abattoir. (Voir salle N° 4.)

Jos. Hügelin, à Strasbourg. 2 cheminées portatives; 3 poëles pour chauffage au bois, à la houille, à la tourbe ou au coke.

Huguenin et Ducommun, à Mulhouse. 1 machine à planer; 1 tour à charriot; 2 rouleaux en cuivre pour l'impression; 1 grande vis.

André Kœchlin et Comp., à Mulhouse. 1 locomotive *(l'Ouragan)*; 1 peigneuse à lin; 1 étirage à lin; 1 banc à broches à lin; 1 machine à fraiser; 1 métier à tisser.

G. Kolb, à Strasbourg. 1 presse typographique perfectionnée.

Louis Kopp, à Strasbourg. 3 pièces toile cirée pour parquets; 1 pièce pour descente d'escalier; 4 pièces pour meubles; 1 pièce pour manteaux.

Ch. Kress, à Colmar. 1 pompe à incendie 1re force, portative, avec char et avant-train, et avec son armement complet; 2 pompes à eau; 4 petites pompes d'arrosage.

J.-J. Meyer et Comp., à Mulhouse. 1 machine à vapeur de 10 chevaux; 1 dito d'un cheval.

Léopold Müller fils, à Thann. 1 métier à filer à engrenage; 1 presse hydraulique pour paquets; 1 banc à broches surfin, de 180 broches.

MM. Pétin, à Kientzheim. Carreaux à paver, de boulanger, à socles; tuiles-ardoises; briques réfractaires.

Reïchenecker, à Ollwiller. Tuyaux en terre cuite, vernissés à l'intérieur; briques.

J.-M. Reinhardt, à Strasbourg 1 moulin à cylindre à bras, breveté, pour moudre toutes sortes de céréales en farine, ainsi que des produits chimiques et des couleurs pour les fabriques et les peintres; 1 moulin à cylindre, grand modèle, breveté, qui peut être mû par le vent, l'eau, la vapeur ou des chevaux, pour moudre en farines toutes sortes de grains et de produits chimiques; 1 moulin à cylindre, breveté, pour égruger l'avoine, l'orge, les fèves, le maïs et la malt des brasseurs; 1 hache-paille avec moulin, breveté, pour égruger l'orge, l'avoine, les fèves, le maïs et autres céréales; 1 machine pour fabriquer les vermicelles, macaronis et pâtes d'Italie.

J.-Ch. Reibel, à Strasbourg. 3 cheminées, en marbre et tôle.

N^as^ Schlumberger et Comp., à Guebwiller. 1 banc à broches à lin pour longs brins, de 24 broches; 1 machine à alézer; 1 cheminée en fonte polie. (Voir salle N° 2.)

Schuster et Kaess, à Strasbourg. 2 fourneaux avec pyromètre métallique.

Seib, à Strasbourg. 1 grand tapis de pied en

toile cirée, ronds de table, et toiles cirées diverses.

MM. Stehelin et Huber, à Bitschwiller. 1 traverse en fer forgé d'un appareil à vapeur pour la marine royale.

Wallinger et Comp., à Strasbourg. 2 crics; 1 grande balance-bascule. (Voir salle N° 4.)

SALLE N° 2,

DITE DES SÉANCES DE LA SOCIÉTÉ INDUSTRIELLE.

Soieries, draperie, étoffes damassées, toiles blanches, filés, papiers peints, plantes exotiques.

MM. Ch. Adolphe et Benner. à Mulhouse, 11 pièces damas laine et soie.

Beuck et Comp., à Bühl. 5 pièces de draps diverses nuances.

Aug. et Napol. Baumann, à Mulhouse et à Bollwiller. Collection de plantes rares exotiques. (Voir le catalogue à la fin de la notice.)

Blech frères, à Ste.-Marie-aux-Mines. 3 pièces fantaisie mode, de 120 centim.; 3 pièces croisés écossais; 1 pièce étoffe mi-soie, 90 centim.; 65 cravates en soie; 48 cravates fantaisie; 38 cravates mi-soie; 2 pièces mouches, 120 centim.

MM. Bock, Richard et Comp., à Mulhouse. Filés de lin et d'étoupe.

P. Bœringer, à Mulhouse. 2 pièces drap rouleau.

J.-J. Bourcart, à Guebwiller. Un tableau de produits en lin sur une culture de 36 ares, 33 cent. production 1250 kilo. de lin teillé en tiges. Une partie est rouie à l'eau courante, l'autre est rouie sur pré. (Voir salle N° 4.)

J.-D. Dettwiller et fils, à Mulhouse. 1 pièce drap pour châssis; 2 dito pour rouleau.

Dietz père et fils, à Barr (Bas-Rhin). Cotons filés teints en rouge.

Dollfus-Mieg et Comp., à Mulhouse. Filés de coton pour trame, N° 36 et 40, et pour chaîne-mécanique, N°s 27/29, 32 et 86; fil cablé à 6, 9, 12 et 15 brins, N°s 36 à 120; fil à coudre, dit fil d'Alsace, en échevettes et en bobines, blanc et de couleur. (Voir salle N° 5.)

Ferguson et Bornèque, à Bavillier. 3 pièces cretonne ordinaire, renforcée et grosse, de 105 centim.; 2 pièces brillante F. et ordinaire; 2 pièces croisé; 1 pièce madapolam.

Léger Folzer, à Tagolsheim. Échantillons de soie blanche, filée à 6/7 cocons de vers de la race dite Sina. Peutêtre employée écrue pour tulles et blondes.

H. Franel, à Mulhouse. 2 coupes laine pure, tissées à Bourbach-le-bas. Les filés proviennent de la filature alsacienne de MM. Risler, Schwartz et Comp.

MM. Frey et Witz, à Guebwiller. 3 pièces calicots écrus, et 3 pièces blancs de 90 centimètres. en 75, 72 et 60 portées; 1 rouleau chaîne parée, 90 centim., 72 portées, de 10 coupes; 1 caissette contenant trame 40/42 et chaîne 34, avec leurs préparations et échevettes de numérotage.

Fries et Callias, à Guebwiller. 1 pièce calicot 60 portées, apprêt chiffon double de ménage; 1 dito 75 portées, apprêt façon Gisors, blanc de ménage. (Voir salle N° 5.)

Greiner et Kuntzer, à Bischwiller (Bas-Rhin). 5 pièces draps diverses nuances.

Gros, Odier, Roman et Comp., à Wesserling. 13 pièces madapolam, percale forte, madapolam fin, cretonne fine, cretonne forte; organdis, mousselinette et jaconats à la mécanique. (Voir salle N° 5.)

Haussmann, Jordan, Hirn et Comp., au Logelbach. 1 pièce toile de lin écrue, tissée à la mécanique; 1 dito blanche; 6 pièces madapolam, 90 centim.; 7 demi-pièces calicots de 105 5 240 centim.; 20 demi-pièces percale de 105 à 150 centim. Blanchissage et apprêtage de MM. *Ellmer frères*, à Ste.-Marie-aux-Mines. (Voir salle N° 5.)

Aug. Hepner et Comp., à Sainte.-Marie-aux-Mines. 1 coupe cotonne satinée en chaîne; 5 coupes mouchoirs divers; 6 coupes dito pour l'exportation, colonies françaises et Manille.

MM. J. Hermann, à Thann. 1 pièce taffetas; 1 dito gros de Naples et marceline; 1 dito satin pour gilets; 1 dito velours en soie; 1 écharpe et quelques genres cravates.

Henri Hofer, à Kaysersberg. 1 Cadre contenant des échantillons de coton filé en bobines et en echevettes.

Ingold, à Soultzmatt. 2 écheveaux de soie blanche, récolte de 1840.

X. Jourdain, à Altkirch. 1 pièce toile de coton écrue et 1 blanchie, 60 portées, 90 centim.; 12 fils au 1/2 centim., dites jaconat de Normandie; 2 pièces toile écrue et blanche, 72 portées, 90 centim., 14 fils au 1/2 cent. Ces toiles sont tissées sur un nouveau sysde métier à tisser, bréveté.

Jacques Kirschleger, à Turckheim. 1 caissette filés chaîne mécanique cotons d'Amérique, N°s 28 à 36.

Koechlin-Dollfus et frère, à Mulhouse. 1 tableau filés coton et laine peignée.

Koechlin, Waldner et Comp., à Massevaux. 15 pièces madapolam 90 centim., cretonne, croisés, brillantés, mousseline laine écrue et satinée; 13 pièces serviettes, jaconats 90 centim., nansouc blanc et écru, organdi blanc, balsorine blanc et écru, mousseline satinée blanche, croisée à grains d'orge, organdi raie et jour, piquet à carreaux et double façonné à rosace ; 6 pièces cretonne, velours mécanique, essuie-mains, crêpe de coton blanc, et jaconats 120 cent.; 2 tournures, 2 jupons piquet, et 2 dito piquet double.

MM. Lapostolet, teinturier à Mulhouse. Etoffes et objets d'habillement reteints.

Levy, Picard et Manheimer, à Soultz. 1 carton rubans de soie.

Maire et fils, à Lapoutroie. 5 coupes tissu de coton teint, à chaîne moulinée, laize 1 mèt.

Math. Mieg et fils, à Mulhouse. 6 pièces drap pour rouleau, pour châssis et pour tables.

A. Mohler, à Obernai. 1 pièce tapis laine et coton ; 1 dito sentier coton ; 8 devants de lit, en laine, coton, avec bordure, et gros satiné ; 8 châles kabyle, 6 tartans ; 16 cravates trame soie, 28 en coton à fleurs, 20 sans fleurs, 7 brochées avec soie ; 48 madras.

Ch. Naegely et Comp., à Mulhouse. 1 tableau de filés coton.

Piller et Finck, à Ste-Marie-aux-Mines. 4 pièces zélandaise, dont 2 à grande laize ; 2 pièces cadrillées sautées ; 2 Ecossais croisés ; 2 dito unis ; 2 pièces fantaisies croisées ; 2 pièces cadrillées et 2 brochées, pour l'Espagne ; 1 toile à voile de 50 centimètres, avec d'autres échantillons.

Math. Risler et fils, à Cernay. 3 pièces mousseline de laine, chaîne coton. *Fabrication au caoutchouc :* 1 garniture de cardes et 1 ruban de carde; 1 rouleau de cuir artificiel pour cardes ; 1 dito pour courroies ; 1 dito vernissé pour selliers ; 2 coupons d'étoffes imperméables; 3 habillemens confectionnés avec ces étoffes.

MM. Risler, Schwartz et Comp., à Mulhouse. 1 cadre filés de laine peignée.

Del Roederer et Comp., à Dettwiller. 1 pièce madapolam ordinaire en écru; 1 dito en blanc; 1 dito fin en écru.

W. Rucker, à Guebwiller. 1 cadre de soies teintes, en écheveaux.

Ruef et Bicard, à Bischwiller. 2 pièces drap cuir-laine plomb; 1 dito bleu en laine; 1 dito drap noir.

F.-M. Schlumberger, à Mulhouse. 1 pièce damassée tout coton, en écru, tissée mécaniquement par un nouveau procédé.

Nas Schlumberger et Comp., à Guebwiller. 1 cadre de fils de lin et coton. (Voir salle No 1.)

Schlumberger et Hofer, à Ribeauvillé. 1 cadre cotons filés.

G. Schlumberger-Schwartz, à Mulhouse. Serviettes et nappes damassées, dont 1 nappe de 240 centimètres sur 4m 50c. Tous ces produits sont en fil de lin de Mulhouse et de Guebwiller, et ont été apprêtés à Thann chez MM. Frères Mertzdorff.

MM. Schmalzer-Weiss, à Mulhouse. 1 pièce drap de rouleau blanc; 1 dito de châssis, id.; 2 pièces à carreaux pour couvertures de chevaux et pour tapis de chambres.

Schmid et Salzmann, à Ribeauvillé. 3 coupes mouchoirs façon madras, qualité ordinaire, pour l'exportation; 5 coupes mouchoirs satinés, dits Canadiens; 3 coupes cravates à filets brochés en soie, dites Lyonnaises; 3 coupes dito en tissus crêpés; 4 coupes dito à fleurs en soie, au battant-brocheur; 2 coupes dito chaîne coton, trame soie, dites Mandarines; 5 pièces tissus brochés en coton, dits Cachemiriennes; 6 pièces mousselines brochées, 120 centim.

Titot père et fils, à Ensisheim. 1 pièce croisé; 1 pièce madapolam, 71 portées; 1 dito cretonne fine; 1 dito ordinaire; 1 dito forte; Ces 5 pièces sont écrues et les filés sont de la fabrication de MM. Titot père et fils. 2 pièces calicot 75 et 80 portées, 9 pièces percale, de 80 à 135 portées. Ces 11 pièces fabriquées avec des filés de la filature de Haguenau et de M. A. Herzog de Colmar, ont été blanchies en Angleterre, par autorisation spéciale du ministre du commerce. (Voir salle N° 3.)

J.-D. Urner jeune, à Ste.-Marie-aux-Mines. 1 coupe ménage rouge et bleu; 1 d° koelsch, bleu avec rouge; 1 dito, idem, bleu sans rouge; 8 écharpes laine et coton croisées, satinées soie; 4 cravates id., lissées satinées soie; 1 châle madras chaîne soie à franges nouées; 1 dito chaîne soie et coton, id.; 8 cravates gros grains mi-soie chinées; 12 dito satinées moitié soie; 27 dito satinées, mouchetées, brochées et sautées soie; 56 dito lisses fines; 20 dito lisses 2e qualité; 2 douzaines mouchoirs paillacas VIII et VII; 1 douzaine dito tabac VI; 1 douzaine dito pour enfans.

L. Werth, à Ste.-Marie-aux-Mines. 3 châles kabyle 180/120 centimètres, produit nouveau.

J. Zuber et Comp., à Rixheim. (Dépôt à Mulhouse, chez Engelmann père et fils.) Papiers peints. Papier fabriqué et imprimé sur la même machine. Le chiffon broyé est converti en papier pour tenture, en peu de minutes.

SALLE N° 3,

DITES DES SÉANCES DE LA CHAMBRE DE COMMERCE.

Instrumens de musique, d'optique, lithographies, impressions en couleurs, cadres, meubles et fourrures.

Allinger, à Strasbourg. 1 piano carré, en palissandre, pieds et lyre à l'antique, filets incrustés en cuivre, de 6 1/2 octaves.

MM. Bœringer-Baumgarten, à Mulhouse. Plusieurs épreuves de daguerréotype.

J. Bohn, à Mulhouse. 1 harnais avec garnitures en plaqué.

A. Drouault, à Graffenstadt. 1 tracé d'un instrument de mathématiques, dit Linéagraphe.

Engelmann père et fils, à Mulhouse. 6 tableaux de lithographie en couleurs, dite chromolithographie.

J. Frost, à Strasbourg. 1 piano à queue, et 2 pianos carrés.

Veuve Levrault, à Strasbourg. 2 cartes topographiques du Bas-Rhin, à l'échelle de $\frac{1}{150000}$, dont 1 sur toile ; 2 tableaux du système métrique décimal, dont 1 sur toile. (Voir salle N° 4.)

Dr Mailhet, à Mulhouse. 1 montre de dentiste.

Neuhaus et Willebois, à Mulhouse. 1 cadre doré, renaissance.

J. Pattegay, à Mulhouse. 1 calendrier perpétuel à mécanisme ; 1 vue de la station du chemin de fer à Mulhouse, lithographiée.

C. Rivière, à Strasbourg. 1 Bois de lit en acajou, incrusté d'ébène.

Ch. Roth, à Strasbourg. 1 flûte en ébène, viroles et clefs en argent, dans une boîte.

A. Schultz, à Mulhouse. 3 tapis de fourrures ; 1 paire de guêtres fourrées.

Frères Schwartz, à Strasbourg. 1 violoncelle

et 1 violon, avec archets, dans leurs étui s

MM. G. Silbermann, à Strasbourg. 3 cadres d'impressions en couleurs; 1 essai de reproduction d'aquarelle par le procédé typographique, épreuve non achevée. (Voir salle N° 4.)

E. Simon fils, à Strasbourg. Impressions en couleurs; pots-pourris d'impressions diverses; différens tableaux et portraits.

Ed. Schrameck, à Mulhouse. 1 fauteuil mécanique à la Voltaire.

Stegmüller, à Strasbourg. 1 piano carré; 1 dito droit.

Titot père et fils, à Ensisheim. Vestiaire des détenus de la maison centrale. 1 veste, 1 pantalon et 1 casquette en droguet; 1 pantalon en coutil; 1 caleçon et 1 chemise en cretonne; 1 chemise en toile de fil et coton. (Voir salle N° 2.)

Waldeck, à Strasbourg. 1 grande lunette astronomique; 1 dito moyenne grandeur.

SALLE N° 4,

DITE DU MUSÈE D'HISTOIRE NATURELLE.

Petits modèles de machines, pièces détachées de mécaniques, armes, quincaillerie, vitraux peints. produits chimiques, papeterie, librairie, etc.

Administration des mines de Bouxwiller. Sulfate de fer, alun, vitriol, 1, 2 et 3 aigles, prussiade de potasse, sel ammoniac, rouge anglais, colle d'os, phosphore et bleu de Prusse.

MM. Ch. Albert, à Strasbourg. Produits d'un nouveau système de préparations pour filature de coton, importé d'Angleterre.

G. Anstaett, à Strasbourg. 4 poupées de costumes différens; 6 chapeaux de paille pour hommes, femmes et enfans, formes diverses.

P. Baret, à Mulhouse. Impressions typographiques.

J.-H. Bayer, à Strasbourg. Pièces détachées pour métiers, telles que: petits boulons, cylindres garnis en bois, ressorts de pression, sellettes, goujons de cardes, divers tourillons pour métiers de tissage, et rondelles en buis pour le lin.

P. Benner, à Mulhouse, 1 brosse à parer; 1 dito à main pour tisserand; 1 balai.

MM. J.-J. Bereuter, à Colmar. 2 peignes pour tissage mécanique, 73 portées ou 1460 dents.

Bleyer, à Mulhouse. 6 vases produits chimiques; 1 saumon plomb.

C. Bloch, à Mulhouse. 1 modèle de lit en fer.

J.-J. Bourcart, à Guebwiller. 1 machine à 3 cylindres cannelés; 1 machine à spatuler, avec sa spatule; 1 spatule pour spatuler le lin en l'air; 1 peigne à égrener le lin. (Voir salle N° 2.)

Chanu, à Massevaux. 1 machine à vapeur de la force d'un homme.

Chrétien, de St.-Etienne. 1 harnais de tisserand avec maillons en verre (exposé par M. Émile Dollfus).

T. Christmann, à Mulhouse. 1 fléau de balance.

Cognier, à Strasbourg. 4 fusils de chasse.

Depouilly, à Puteau, près Paris. Drap feutre pour rouleaux (exposé par M. Émile Dollfus).

Drant, à Haguenau. 1 sphère et 1 planisphère célestes.

Emmerich, à Strasbourg. 6 médailles de Kléber et de Guttenberg, en argent, en bronze doré et en bronze.

Enderlin, à Mulhouse. 16 cylindres de filature.

Établissement de constructions mécaniques, à Strasbourg. 4 presses, 1 balance, 1 bascule ; vis dans une boîte ; 1 presse à cacheter, en composition ; 1 dito en fonte. (Voir salle N° 1.)

F. Faudel, à Colmar. 1 collection de monnaies et médailles alsaciennes.

Gastard, Schnitzler et Grollemund, à Colmar. 1 boîte d'échantillons d'amidonnerie, féculerie et vermicellerie.

J. Grün, à Guebwiller. Pièces détachées pour mécaniques. (Voir salle N° 1.)

Mel Guth-Weiss, à Mulhouse. Échantillons de cordes diverses et corde à tambour.

E. Hect et C. Roederer, à Strasbourg. Vitraux peints.

Heid, à Mulhouse. 1 instrument à faire des ellipses.

Heiligenthal et Comp., à Strasbourg. Divers décors d'architecture en mastic-pierre ; 1 christ, 1 vierge, 1 madone, 1 adoration, 1 descente de croix, etc.

Japy frères, à Beaucourt. Serrures en fer limé; dito en fer bronzé ; dito en laiton ; dito noires ; dito Brahma ; tourne-broches ; mouvemens de pendules ; vis à bois en fer, en laiton ; crochets fer et laiton avec pitons ; anneaux, boucles et anneaux de sellerie ; boulons divers ; boutons et poignées pour serrures ; tire-bouchons, vilebrequins ; vis têtes carrées, vis à lit ; vis d'armes en fer ; serrures auberonnières ordinaires et soignées; targettes en laiton, et 2 serrures Brahma ; articles pour filatures de coton et de lin ; charnières en fer et laiton; cadenas et amorçoirs; serrures et articles pour pianos, montures de guitares; poinçons; fraises; tourne-vis, pinces; gonds ronds, crochets à 2 pitons, et crochets pour portemanteaux; mouvemens de môntres; serrures de tiroirs et armoires, rebords laiton soignés, serrures de malles, garnitures de commodes, secrétaires. Articles en fer étamé, tels que soupière, chaudron, bouillotte, bouilloires, etc. Jouets pour enfans.

MM. Kestner père et fils, à Thann. 14 vases produits chimiques.

Kiener frères, à Colmar. 12 rouleaux papier blanc et de couleurs.

A. Koehler, à Wattwiller. Pièces en fer ordinaire, trempées économiquement.

Ve de Jean Laederich, à Mulhouse. Echantillons d'amidon et de fécule.

Ve Levrault, à Strasbourg. 1 exemplaire relié de l'Epitome antiphonarii romani, in-folio, publié en 1821 ; Le Systéme métrique décimal dans son application usuelle, in-12, publié en 1840 ; Chants religieux à 2 voix, à l'usage d'une école du dimanche, in-8°, publiés en 1841 ; Aide-Mémoire d'infanterie, écoles de peloton et de bataillon, in-32, publié en 1841. *NB.* Dans ces ouvrages, exécutés par le procédé typo-lithographique, les textes ont été composés en caractères mobiles et transportés sur pierre; puis on a tracé ou dessiné les notes ou les figures dans les espaces réservés. — 5 livraisons du voyage dans l'Amérique méridionale, par Alcide d'Orbigny (l'ouvrage aura 75 livraisons, 54 ont déjà paru); Histoire romaine de M. G.-G. Niebuhr, trad. de l'allemand par M. de Golbéry, 7 vol. in-8° (terminée en 1840). Flore française destinée aux herborisations, par A Mutel, 4 vol. in-18, avec atlas oblong. (Voir salle N° 3.)

Lischy frères, à Mulhouse. 1 machine à régler les registres.

X. Mann fils, à Ensisheim. 9 serrures exécutées par les détenus de la maison centrale.

Mansbendel-Schoen, à Mulhouse. 4 paires de brosses pour machines à parer.

Joseph Martinoli, à Strasbourg. Echantillons de vermicellerie, macaroni, et autres pâtes d'Italie.

Jacques Motsch, à Cernay. Tubes pour filatures, imprimés mécaniquement.

Müller, menuisier, à Mulhouse. 1 ruche en paille à ventilation, d'après la méthode de M. Ed. Thierry-Mieg.

F. Perrin, à Mulhouse. Volumes reliés et registres de commerce.

Platen aîné, à Mulhouse. Limes diverses.

MM. G. Riebel, à Strasboug. 1 balance d'essais chimiques.

J.-P. Risler, à Mulhouse. Impressions typographiques; registres de commerce.

Ch. Ritter, à Strasbourg. 1 petit tableau peint sur verre.

Robert et Küss, à Strasbourg. Pièces d'anatomie en plâtre.

B.-E. Saladin, à Mulhouse. Modèles de machines simples et composées. pour les écoles élémentaires de mécanique.

F.-S. Senn, à Mulhouse. 1 machine à recouvrir les cylindres.

G. Silbermann, à Strasbourg. Album typographique; Fables et poësies de Pfeffel, traduites en vers français par Paul Lehr. (Voir salle N° 3.)

Steffan, Oswald frères, à Niederbruck. Fil de laiton pour toile métallique, trait d'argent faux d'une très-grande finesse; trait cémenté imitant la dorure; échantillons de cannetilles diverses.

Wallinger et Comp., à Strasbourg. 1 balance bascule. (Voir salle N° 1.)

SALLE N° 5,

DITE DU MUSÉE INDUSTRIEL.

Indiennes, jaconats, mousselines peintes et mousselines-laine.

MM. Barbé et Comp., à Vieux-Thann. 20 pièces indiennes mi-fonds divers; 4 pièces rouleau fond blanc; 2 pièces jaconats rouleau fond blanc.

Blech-Fries et Comp., à Mulhouse. 7 pièces meubles lastaing; 19 pièces indiennes diverses; 12 coupes mousseline-laine, chaîne coton; 38 pièces mousseline-laine; 6 pièces chalys.

Dollfus-Mieg et Comp., à Mulhouse. 15 pièces mousseline; 15 pièces jaconat; 2 pièces organdi; 6 pièces mousseline-laine. (Voir salle N° 2.)

Dorgebray, à Kingersheim. 28 pièces indiennes diverses.

Daniel Eck, à Cernay 12 pièces indienne cachemire; 3 pièces mi-fond riche; 2 coupes mouchoirs 135 centimètres, fond noir, genre Thibet; 1 coupe mouchoirs 120 centimètres, idem.

Fries et Callias, à Guebwiller. 21 pièces indiennes diverses; 13 coupes mouchoirs double face sur toile de lin. (Voir salle N° 2.)

MM. Gros, Odier, Roman et Comp., à Wesserling. 22 pièces mousseline-laine, fantaisies et cachemire ; 7 pièces foulards divers ; 45 pièces indiennes diverses. (Voir salle N° 2).

Grosjean fils, à Mulhouse. 11 pièces mousseseline fantaisies ; 2 pièces jaconat rouleau.

Haussmann, Jordan, Hirn et Comp^e., au Logelbach, près Colmar. 28 pièces indiennes diverses ; 3 coupes mouchoirs divers (Voir salle N° 2.)

Josué Hofer, à Mulhouse. 22 pièces indiennes, écossaise, double rouleau, corail, brillante, gaze, éolienne, balsorine ; 28 pièces mousseline-laine chaine coton, rouleau rentré, double rouleau, gros-de-Naples, fond riche et cachemire riche.

Frères Kœchlin, à Mulhouse. 6 pièces indiennes rouleau, fond blanc, 8 robes foulards, 6 robes gaze et balsorine ; 14 robes mousseline-laine ; 10 robes chaîne coton.

Kœchlin-Ziegler, à Mulhouse. Échantillons de gravures sur rouleaux, dessins meubles.

Liebach Hartmann et Comp, à Thann. 3 pièces mousseline riche, fond blanc ; 21 pièces jaconat ; 3 robes mousseline-laine ; 3 coupes chalys ; 4 coupes chaîne coton.

Robert Gardon et Comp., à Thann. 26 pièces indiennes diverses.

Nicolas Rott et Comp., à Mulhouse. 6 pièces mousseline-laine imprimée, dessins riches ;

3 coupes foulards de soie, dessins riches; 5 coupes mouchoirs; 1 coupe indienne; 1 pièce meubles satin-laine imprimée; 1 pièce bordures meubles Andrinople; 1 pièce rouge uni Andrinople.

Daniel Schlumberger et Comp., à Mulhouse. 24 pièces indiennes diverses, article foncé; 5 pièces fond blanc; 7 pièces mousseline imprimée.

Isaac Schlumberger et Comp, à Mulhouse. 15 pièces indiennes diverses; 8 coupes mouchoirs divers.

Schlumberger jeune et Comp., à Thann. 24 pièces indiennes diverses.

Schlumberger-Koechlin et Comp., à Mulhouse. 15 pièces indiennes diverses; 12 pièces meubles; 20 coupes mousseline-laine, chaîne coton.

Ch. Steiner, à Ribeauvillé. 11 pièces rouge Andrinople, uni et divers genres.

CATALOGUE des plantes rares exotiques envoyées à l'exposition, par MM. Aug. et Nap. Baumann, *à Mulhouse et à Bollwiller.*

Anona guienensis.
Astrapæa viscosa Swt.
Bixa orellana DC.
Bonapartea elegans.
» jumea R.B^{r}.
Chamerops excelsa W.
» humilis W.
Chamœdorea elegans.
Exostemma floribunda DC.
Costus speciosus F. I.
Crinum amabile.
» erubescens.
Curculigo recurvata.
Cycas circinalis.
» revoluta.
Dracœna brassiliensis.
» arborea.
» salicifolia.
Ficus Neumanni.
Hernandia sonora.
Lomatophyllum borbonicum.
Laurus cinnamomum.
Latania chinensis.
Maranta grandis.
Musa coccinea.
» Cavendischi.
» rosacea.

Saccharum officinarum.
Strelizia humilis.
» Regine.
Zamia horrida.
» pungens.
Mammillaria acanthoplegma.
Echinocactus cornigerus, 26 centim. diamet.
Cereus senilis, 56 centim. hauteur.
Dionnœa muscipula.
Corypha frigida.

Et beaucoup d'autres plantes remarquables.

MULHOUSE. — IMP. DE P. BARET.